Entiende fácilmente la literatura con

ResumenExpress.com

www.resumenexpress.com

DENIS DIDEROT

ESCRITOR, FILÓSOFO Y ENCICLOPEDISTA FRANCÉS

- **Nacido en 1713 en Langres**
- **Fallecido en 1784 en París**
- **Algunas de sus obras:**
  - *Jacques el fatalista* (1778), novela
  - *La paradoja del comediante* (1830), ensayo
  - *El sobrino de Rameau* (1891), diálogo

Denis Diderot (1713-1784), novelista, dramaturgo y crítico de arte, es sobre todo uno de los pensadores más ilustres del Siglo de las Luces. Fue un hombre de espíritu libre, cuya insolencia le costó cuatro meses en la cárcel de Vincennes (Francia). A partir de 1746, dirige junto a D'Alembert *La Enciclopedia*, que tiene como objetivo presentar una síntesis de los conocimientos del saber humano de la época, y se convierte en una obra de un gran éxito a pesar de las dificultades a las que se enfrentó por culpa de la censura. La inmensa tarea que supone la creación de *La Enciclopedia* no puso freno a la creatividad del autor, que escribió varias obras de otra índole. Sus obras sobre estética y teatro le otorgaron una gran fama, así como sus investigaciones sobre la moral y sus numerosos diálogos filosóficos.

JACQUES EL FATALISTA

UNA REFLEXIÓN FILOSÓFICA SOBRE EL FATALISMO

- **Género:** novela
- **Edición de referencia:** Diderot, Denis. 2004. *Jacques el fatalista*. Traducido por Félix de Azúa. Madrid: Alfaguara
- **Primera edición:** 1796
- **Temáticas:** fatalismo, destino, viaje, amor, libertad

Jacques el fatalista fue escrito entre 1765 y 1784 y publicado por primera vez como novela en fascículos en *La Correspondance littéraire* en 1778. En la novela, Diderot reconoce haberse inspirado en *La vida y las opiniones del caballero Tristram Shandy*, de Laurence Sterne. La obra, que cuenta con una estructura compleja y una narración a menudo desordenada, es una de las obras en francés más criticadas, y sigue presentando hoy en día un cierto rechazo a toda interpretación fija.

RESUMEN

La novela no está dividida en capítulos ni en partes. La historia transcurre en nueve días de viaje que se suceden de forma ininterrumpida.

PRIMER DÍA

El narrador desafía al lector ya en las primeras frases de la novela, puesto que se niega a presentar a los personajes y la situación de partida:

> «¿Cómo se conocieron? Por casualidad, como todo el mundo. ¿Cómo se llamaban? ¿Qué os importa? ¿De dónde venían? Del lugar más cercano. ¿Adónde iban? ¿Sabemos acaso dónde vamos?» (Diderot 2004, 13).

Dos personajes, Jacques y su amo, avanzan cabalgando por un camino. Jaques habla del fatalismo que le enseñó su capitán de la armada, que afirmaba que todo está escrito de antemano («[Las aventuras] se sostienen unas a otras como los eslabones de una cadena» Diderot 2004, 14). Jacques ejemplifica este fatalismo relatando su propia vida, desde el momento en que se fue de casa hasta que resultó herido en la rodilla durante la batalla de Fontenoy. Su discurso se ve interrumpido por la llegada de la noche. Los dos viajeros, perdidos, duermen al raso.

SEGUNDO DÍA

Jacques continúa su relato y debate con su amo acerca de la importancia de una herida en la rodilla. Se encuentran por el camino a un cirujano que, al intentar meterse en la conversación, tira de la montura a la mujer que le acompaña. Jacques retoma después la palabra y reflexiona con su amo sobre la responsabilidad que tiene el hombre en un mundo dirigido por el destino. Los dos personajes hacen una parada para dormir en un albergue lleno de bandidos. Para dormir seguros, Jacques les encierra en sus habitaciones y se lleva su ropa.

TERCER DÍA

Por la mañana, Jacques abandona el albergue con las llaves de las habitaciones para que los bandidos a los que encerró la noche anterior no den con él. Para el amo, esto va en contra de su visión fatalista del mundo, ya que lo hombres no pueden luchar contra el todopoderoso destino. Su debate se ve interrumpido por la llegada de unos hombres armados, pero el narrador rechaza contarnos más sobre lo que ocurre («Es evidente que no estoy escribiendo una novela, ya que desdeño aquello que un novelista no dejaría de emplear», Diderot 2004, 27). Jacques continúa su historia y explica cómo los campesinos le curaron la herida de la rodilla. Discute con su amo cuando hablan del valor de la mujer. Ambos personajes pasan la noche en un castillo.

CUARTO DÍA

Cuando se ponen en marcha, Jacques vuelve sobre sus pasos para recoger su bolsa y el reloj de su amo, ambos olvidados. Se enfada con un comerciante que ha encontrado antes que él el reloj del amo y que quiere revendérselo. Acusado de ladrón, Jacques es atado y conducido ante un inspector de policía: se trata precisamente del hombre con el que pasó la noche. El teniente le deja en libertad. Cuando vuelve con su amo, Jacques se entera de que su caballo ha desaparecido.

El narrador se burla de las malas novelas y de los malos novelistas, y cuenta como anécdota la historia del poeta de Pondichéry.

El amo le compra otro caballo a su criado. Pasa un cortejo fúnebre, y Jacques cree reconocer las armas de su capitán de la armada y llora su muerte.

El narrador interviene para contar el apólogo de Esopo (fabulista griego del siglo VII-VI a.C.).

En cortejo fúnebre pasa por segunda vez: en realidad, servía para encubrir operaciones de contrabando. Jacques respira aliviado y cuenta otra anécdota sobre su capitán. El narrador garantiza la veracidad de las palabras de Jacques cuando cuenta la historia de Gousse, un hombre semejante al capitán. Jacques sale despedido de su caballo contra la puerta de una casa, donde le cuidan durante toda la noche.

QUINTO DÍA

El amo le compra a Jacques otro caballo. Jacques sigue con su historia: después de que le operaran de la rodilla, se hospedó en casa de su cirujano. El narrador finaliza a continuación la historia de Gousse. Los dos viajeros se apean en una posada en el que la propietaria llora por Nicole, a la que unos clientes violentos han atacado. Después de un

malentendido, Jacques y su amo se dan cuenta de que Nicole
no es la hija de la posadera, sino su perra. El narrador cuenta
la historia de un amigo de Gousse.

SEXTO DÍA

Jacques y su amo se quedan todo el día en la posada porque
una subida de las aguas ha inundado los caminos. El criado
continúa con su historia. Se desata una pelea entre el posadero y un campesino que no ha pagado sus deudas. Esta
escena recuerda al narrador *El regañón benéfico*, una comedia de Goldoni (autor italiano nacido en 1707 y fallecido en
1793), al que critica al modificar el desenlace. La mujer del
posadero les cuenta a Jacques y a su amo la larga historia de
Madame de la Pommeraye.

SÉPTIMO DÍA

El mal tiempo retiene a los viajeros en la posada. Jacques
cuenta que se fue de casa del cirujano para alojarse cómo-
damente en un castillo, donde Denise, la hija de un criado al
que antes había servido, le cuidaba. En otra época, el amo
también había cortejado a Denise, motivo por el que se desata una pelea entre ambos hombres. La posadera les hace
firmar un contrato de reconciliación. Se ponen en marcha
cuando vuelve el buen tiempo junto a dos otros clientes de
la posada.

OCTAVO DÍA

Jacques y su amo continúan solos su camino. El criado cuenta sus primeras experiencias sexuales. El narrador interviene para destacar que no se trata de un tema obsceno. A continuación, el amo cuenta sus propias historias de amor. Se paran en una posada.

NOVENO DÍA

El narrador interrumpe la historia y rechaza ofrecer un desenlace, pretendiendo no saber nada más de los personajes: «Y yo termino aquí mi historia, pues ya os he dicho todo cuanto sé sobre estos personajes» (Diderot 2004, 340). Esboza así un epílogo en el que propone tres finales posibles para la historia de Jacques, y le ofrece al lector la libertad de elegir la que mejor le parezca: «[...] pues bien, no tenéis más que tomar el relato donde [Jacques] lo dejó y continuarlo a vuestro gusto [...]; visitarle, preguntarle» (*ib.*).

ESTUDIO DE LOS PERSONAJES

JACQUES

Su nombre nos revela su posición social de criado, puesto que a partir de la Edad Media, «un jacques» en francés connota a un criado o a un campesino. Jacques carece de un apellido que nos ayude a individualizarlo.

Se trata de un personaje modesto de origen incierto, un hombre libre, sin ataduras, que simplemente se deja guiar por el destino. Se le describe como «un buen hombre, abierto, honesto, valiente» (Diderot 2004, 219). A través del relato de su juventud y de sus amoríos, Jacques nos muestra su inconformismo: sometido a una educación autoritaria, es acallado por ser un niño demasiado hablador. Es la propia vida la que educa a Jacques, que disfruta de sus primeros contactos sexuales y que obedece a la naturaleza más que a la moral. Toda su vida está marcada por el nomadismo y el viaje, como los pícaros, héroes de las novelas de aventuras españolas del siglo XVI.

Al ser llamado «Jacques el fatalista», el criado adquiere además una dimensión filosófica. Desde el comienzo de la obra observamos una visión fatalista de la existencia: «[...] Jacques decía que su capitán decía que todo cuanto bueno y malo nos acontece aquí abajo, escrito estaba allí arriba» (Diderot 2004, 14). Sus discursos defienden la intervención de la mano del destino a lo largo de toda la novela. Jacques se basa en sus propias experiencias para ilustrar estas palabras.

EL AMO

Es un personaje anónimo, que carece de nombre y de apellido, y cuya situación social, muy superior a la de Jacques, también se encarga de definirlo. Posee privilegios propios de la nobleza, pues lleva una espada, y se rodea de caballeros. Sin embargo, a veces esta condición de noble se pone a prueba o se humilla, de manera que el amo va perdiendo poco a poco su prestigio. Cabe destacar que esto le hace, entre otras cosas, tener que cargar con una paternidad que no le corresponde por haber sido ingenuo al creer a Ágata, una joven a la que cortejó. Además, se pone en ridículo en varias ocasiones: no cree a Jacques cuando este le cuenta todo lo que sufrió por culpa de una herida en la rodilla, pero más tarde él mismo se hace daño en una rodilla al caerse del caballo y reconoce su error. Así, poco a poco, va perdiendo su esplendor y su autoridad.

El amo adopta con Jacques un comportamiento lleno de contrastes. Algunas veces, demuestra una gran bondad al cuidar de su criado cuando este se encuentra herido, o consolándole por la muerte de su capitán. Otras, no obstante, se muestra excesivamente severo, entrando en cólera golpeando e insultando a Jacques cuando discuten por una mujer.

UNA ORIGINAL RELACIÓN AMO-CRIADO

Ambos personajes mantienen una relación especial, que evoluciona durante la novela y transforma la representación tradicional de la pareja amo-criado, extendida al teatro por la comedia del arte.

- Al principio, el amo depende de su criado. Parece que no tiene autonomía y deja que Jacques decida por él («no sabía vivir sin reloj, sin su tabaquera y sin Jacques: eran las tres magnas actividades de su vida», Diderot 2004, 41). El diálogo permanente que une al criado con su amo les convierte en inseparables y se necesitan el uno al otro.
- A continuación, la relación entre ambos hombres se invierte: la autoridad va pasando de forma progresiva de las manos del amo a las del criado. Al inicio de la novela, Jacques se somete con naturalidad a las reprimendas de su amo. Sin embargo, al final se rebela. Además, cuando se encuentran con los bandidos del albergue, es Jacques el que se muestra valiente, pues el amo tiembla de miedo. El contrato que firman el séptimo día al final de una disputa reza que Jacques manda a su amo. Diderot, al invertir los roles de los personajes, cuestiona los principios de autoridad que rigen la sociedad. Defiende a la inversa la libertad y la igualdad que se presentan en el estado de naturaleza. En su artículo «Autoridad pública» de *La Enciclopedia*, escribe: «Ningún hombre ha recibido de la naturaleza el derecho a mandar a los demás».

CLAVES DE LECTURA

UNA ESTRUCTURA COMPLEJA

Jacques el fatalista nos sorprende de inmediato por su estructura poco convencional, descosida y en ocasiones desconcertante.

La estética de la deconstrucción

El autor rechaza construir una novela de carácter lineal: en todos los relatos interviene la casualidad, según lo que evoca el autor, por asociación de ideas («Jacques se callaba, se ponía a pensar, y muy a menudo no rompía el silencio más que mediante frases que en su espíritu tenían cierta coherencia, pero en la conversación eran tan inconexas como leer un libro saltando páginas», Diderot 2004, 77). Entre la situación inicial y la final no observamos de forma clara una que la situación o los personajes hayan cambiado, y las tramas se multiplican en detrimento del avance de la acción.

La estructura despliega constantemente efectos de ruptura: los relatos, al ser interrumpidos con frecuencia, provocan en el lector una sensación de frustración que no deja a un lado el suspense. De esta manera, el relato de los amoríos de Jacques se va retrasando cada día, y finalmente no se cuenta («¿Y los amores de Jacques? – Ya os dijo Jacques mil veces que no acabaría esa historia, pues así estaba escrito allí arriba; ya veis que tenía razón», Diderot 2004, 340). Surgen elementos externos que interrumpen constantemente el discurso (cuando se cae del caballo, cuando aparecen hombres armados, cuando ven el cortejo fúnebre, la posadera, etc.).

Al final, el tiempo se alarga y el pasado se entremezcla con el presente debido a los constantes relatos que se pisan unos a otros. Se entrelazan distintas temporalidades, sin transición, lo que hace que sea difícil diferenciar una historia de otra.

Relatos intercalados

Existen cuatro niveles de relatos que se superponen constantemente hasta llegar al punto de confundirse:

- el relato del viaje de Jacques y su amo, que forma la trama narrativa de la novela. En el plano novelístico, esta narración permite justificar la coherencia interna y la yuxtaposición de relatos. No obstante, se observa rápidamente que se trata de un pretexto para la creación de la novela más que de una verdadera trama. El lector desconoce de dónde vienen y hacia dónde se dirigen los personajes, o cuándo comenzaron su viaje y por qué lo emprendieron. A los personajes les acontecen algunas desventuras sin importancia por el camino que hacen que este viaje sea una trama de poca importancia en la composición de la obra;
- el relato de Jacques. Ya desde las primeras páginas, Jacques comienza a contarnos la historia de su juventud y de sus amoríos. A pesar de que se interrumpe sin cesar, es una línea constante en la novela. El amo le hace preguntas y le incita a continuar su relato a lo largo de los días. Sin embargo, la duración de su relato varía: Jacques

resume en menos de dos páginas los doce primeros años de su vida, para después dedicar más de veinte a su iniciación a la sexualidad durante el octavo día de viaje. Por otra parte, no respeta una línea cronológica al contar, por ejemplo, la historia de su herida en la rodilla (hecho reciente) antes que la pelea con su padre (hecho anterior);

- las diversas anécdotas. Se multiplican muchos otros relatos en boca de Jacques, de su amo o de otros personajes secundarios. Todos se convierten en narradores de una historia personal de la que fueron testigos o de historias de sus conocidos (cabe destacar la historia que cuenta Jacques sobre su capitán, y la del padre Ange, amigo de su hermano). La historia de Madame de la Pommeraye, contada por la posadera, parece el relato más importante y más extenso: se sitúa en el centro de la novela, como si fuera la piedra angular gracias a la cual los demás relatos encajan. Esta historia nos presenta al marqués de Arcis, que acompañará a Jacques y a su amo en su camino al día siguiente. Surge un debate entre los personajes al juzgar el comportamiento de Madame de la Pommeraye hasta que el propio Diderot interviene: «[...] os revolvéis contra ella, en lugar de entender que su rencor sólo os indigna porque sois incapaz de sentirlo con tanta fuerza como ella [...]» (Diderot 2004, 197);
- las intervenciones del autor-narrador. Diderot interviene directamente en la novela a través de la voz del narrador. Como autor, garantiza la veracidad de los hechos que se narran («lo sé de buena tinta», Diderot 2004, 197) o interpela directamente al lector mediante apóstrofes y palabras pronunciadas en discurso directo («¿Qué os importa?», Diderot 2004, 15). Como narrador, se encarga

de los relatos secundarios, como la historia de Gousse. Además, como filósofo, nos ofrece sus opiniones personales, diserta con libertad entre dos relatos o critica obras literarias como *El médico a palos* de Molière o *El regañón benéfico* de Goldoni.

UNA PARODIA DEL GÉNERO NOVELÍSTICO

Lejos de conformarse con las estructuras narrativas tradicionales, Diderot cuestiona la ilusión novelística y experimenta en la elaboración de su novela. *Jacques el fatalista* es una obra en movimiento, en construcción, que va más allá de las estructuras típicas de la novela y que las renueva.

De la antinovela a la novela moderna

A través de su obra, Diderot emprende una crítica a la novela en general. Afirma en varias ocasiones que «[*Jacques el fatalista*] no es una novela» (Diderot 2004, 56) y rechaza este género, al que tacha de artificial. Denuncia los defectos tradicionales de la novela para a continuación marcar una separación con los mismos:

- rechaza, en primer lugar, la omnisciencia de los autores, que aseguran saberlo todo sobre sus personajes y sobre la trama. Diderot se posiciona como un Dios ante sus creaciones. Según Diderot, esta posición artificial de los novelistas va en contra de la garantía de la autenticidad. El narrador de la obra que nos ocupa no responde a las preguntas del lector, finge no saber nada sobre sus personajes y evita contar nada más que aquello de lo que es testigo directo («Desde luego esta laguna en la conversación de Jacques y su amo es verdaderamente deplorable», Diderot 2004, 273). El autor-narrador crea un nuevo espacio que lo sitúa al nivel del lector: como este, escucha a los personajes y va descubriendo poco a poco la intriga de la historia;

- evita, además, seguir la trama de la novela tradicional, que se basa en una serie de acontecimientos que se encadenan los unos con los otros y que desembocan en un desenlace coherente. Diderot rechaza nuevamente una forma de construir la obra que le resulta demasiado artificial, contraria a la banalidad y a la casualidad que caracterizan la existencia. Es por todo ello imposible hablar en la obra de una trama precisa; podemos hablar, más bien, de una multiplicación de anécdotas;

- rechaza el término de héroe novelesco. Los personajes de Diderot se ven privados de toda identidad y retrato psicológico: solo sus acciones les definen. La verdad de los hechos que se desarrollan debe ser suficiente para describir a un personaje: «Una palabra, un gesto me han informado más, en ocasiones, que todas las habladurías de una ciudad» (Diderot 2004, 312). Se opone así a la obra que servía de modelo en la época, la novela histórica de Madame de La Fayette, *La princesa de Cléveris*;

- redefine el espacio que ocupa el lector, que ya no se encuentra fuera sino dentro de la obra. Se establece un diálogo con el autor, que no duda en provocar al lector al acabar con sus expectativas habituales («Quizá os habría gustado oír la disputa que sobre este punto pudieron haber sostenido Jacques y su amo; pero tienen tantas cosas interesantes sobre las que discutir, que sin duda habría desdeñado esta cuestión», Diderot 2004, 196).

De esta forma, Diderot denuncia la actitud pasiva del lector y cuestiona los reflejos de lectura que ha creado, en contraposición a la novela tradicional.

La obra rechaza las convenciones novelísticas: los héroes se transforman en personajes ordinarios que emprenden un viaje banal, lo que a su vez sirve para condenar el carácter extraordinario y maravilloso de las novelas tradicionales.

Una novela satírica

Jacques el fatalista realiza, en concreto, una parodia de unos tipos de novelas concretos:

- la novela de aventuras. A pesar de que la trama transcurre durante un viaje, Diderot no explota los recursos de un género al que no cesa de ridiculizar. El amo se muestra cobarde ante los bandidos del albergue, los sacerdotes que acompañan al cortejo fúnebre son malhechores disfrazados, y una banda de hombres armados pasa cerca suyo sin tocarles («Creeréis que [...] asistiremos a una sangrienta batalla, que se darán de bastonazos, que se asarán a tiros; y sólo depende de mí el que así sea; pero entonces, adiós a la verdadera historia» Diderot 2004, 26-27). El autor introduce algunos elementos de la novela de aventuras con el único objetivo de rechazarlos más adelante;
- la novela de amor. El tema del amor está muy presente en el relato de Jacques. No obstante, se libera del modelo sublime de las novelas preciosistas y roza lo ordinario: Jacques perdió hace mucho la virginidad, Agathe engaña al amo y el marqués de Arcis se enamora de una

prostituta.

Una novela filosófica

Jacques el fatalista va más allá de la novela tradicional, puesto que carga con toda una reflexión filosófica sobre el fatalismo. La palabra latina *fatum* procede del latín y significa «destino». El fatalismo sostiene que toda existencia está fijada de antemano por el destino, por lo que se excluyen el libre albedrío y la casualidad. Jacques, mediante el relato de su capitán, que se inspira en el filósofo Spinoza, se convierte en el portavoz de esta doctrina, y no deja de invocar «el gran cilindro donde todo está escrito» (Diderot 2004, 24). Así, todo sucede siguiendo un orden superior al cual el hombre no puede escapar. Esta visión le dota a Jacques de una cierta docilidad, ya que le incita a aceptar todo cuanto ocurre a su alrededor sin rebelarse.

Sin embargo, Jacques no siempre se comporta de acuerdo al fatalismo que promulga, pues sigue contando con los reflejos de un hombre libre que actúa con afán de protegerse. Por ejemplo, se resiste ante su amo cuando este quiere golpearle, y se lleva la llave de la habitación en la que ha encerrado a los bandidos para que no les alcancen. Se pregunta, además, sobre la responsabilidad del hombre: «¿Somos nosotros los que dirigimos el destino, o el destino quien nos dirige a nosotros?» (Diderot 2004, 26). En realidad, Jacques se acerca más al determinismo que al fatalismo. Para los deterministas, todo acontecimiento está causalmente determinado (causa-efecto) y es posible evitar el efecto al alterar la causa. Jacques nos cuenta la historia de su vida siguiendo esta lógica, que resume en una frase: «Sin ese balazo, por ejemplo, creo que no me habría enamorado en la vida» (Diderot 2004, 14).

¿Es *Jacques el fatalista* una novela? Su forma no nos dice nada al respecto, pero nos deja, por el contrario, un mundo novelístico tan libre como la propia realidad. La obra se encuentra permanentemente en movimiento y se hace realidad a través de muchos géneros: la teatralidad de los diálogos, la fábula de Esopo, la novela de Madame de la Pommeraye o el cuento filosófico.

PISTAS PARA LA REFLEXIÓN

ALGUNAS PREGUNTAS PARA PROFUNDIZAR EN SU REFLEXIÓN...

- Comente el título: *Jacques el fatalista*.
- ¿Qué reflexión sobre la libertad nos ofrece la obra?
- ¿Qué papel tiene en esta obra la palabra?
- ¿Podemos afirmar que *Jacques el fatalista* es una novela? Justifique su respuesta.
- ¿Qué imagen esboza Diderot de la Iglesia?
- Estudie la estructura narrativa de la historia de Madame de la Pommeraye.
- Compare la pareja tradicional amo-criado de *Don Juan* de Molière con la de *Jacques el fatalista* y su amo.
- ¿Qué posición personal adopta Diderot en relación al fatalismo de Jacques?
- Muchos críticos otorgan a *Jacques el fatalista* el calificativo de «acertijo». ¿Qué opinión tiene usted al respecto?

¡Su opinión nos interesa!
¡Deje un comentario en la página web de su librería en línea,
y comparta sus favoritos en las redes sociales!

PARA IR MÁS ALLÁ

EDICIÓN DE REFERENCIA

- Diderot, Denis. 2004. *Jacques el fatalista*. Traducido por Félix de Azúa. Madrid: Alfaguara.

ADAPTACIONES

- *Las damas del bosque de Bolonia*. Dirigida por Robert Bresson y Jean Cocteau. Francia: Les Films Raoul Ploquin, 1945. Narra la historia de Madame de la Pommeraye.
- *Jacques el fatalista y su maestro*. Dirigida por Claude Santelli. 1981.
- *Jacques el fatalista*. Dirigida por Antoine Douchet. 1993. Es una adaptación contemporánea de la obra, en la que los protagonistas son un amo y su chófer.